조심해! 재난, 이럴 땐 이렇게!

야마무라 다케히코 감수 | 유우 그림 | 엄혜숙 옮김

현암 주니어

우리 주변에는 어떤 **위험**이 숨어 있을까요?

이 그림을 보고 지진이 나거나 불이 났을 때,
태풍이 왔을 때, 위험한 곳을 찾아보세요.

→ 답은 다음 페이지에 있어요.

지진이 일어나면 텔레비전이나 라디오에서 알려 줘요.
휴대전화로 긴급 재난 문자가 오기도 해요.
속보가 나올 때부터 실제로 지진이 일어나기까지는 몇 초에서 몇십 초!
몸을 보호하기 위해서 가장 먼저 무엇을 해야 할까요?

방 문을 열어 도망칠 수 있는 출구를 만들어요.

높은 곳에 무거운 물건을 두지 않아요. 안 돼!

가구는 벽에 고정해 두어요.

서랍장 등 쓰러지기 쉬운 가구에서 떨어져 있어요.

가능하면 현관으로 가서 신발을 신고, 문을 열어요.

평소에 현관을 잘 정돈해 두어요.

긴급 재난 문자

긴급 재난 문자는 지진, 태풍 같은 재난이 일어났을 때 신속하게 대피하도록 행정안전부에서 휴대전화로 보내는 긴급 문자메시지를 말해요. 단, 규모 3.0 이상의 지진이 일어났을 때는 기상청이 직접 발송해요.

학교나 빌딩 안에 있을 때 지진이 일어났다면?

바깥에 있을 때나 탈것을 타고 있을 때 지진이 일어났다면?

바깥에 있을 때나 탈것을 타고 있을 때 지진이 일어났다면, 떨어질 것 같은 간판이나 깨진 유리 조각들이 없는지 잘 살펴야 해요. 공원이나 운동장 같은 넓은 장소로 피하세요.

지진에 대비해요

지진은 갑자기 일어나요.
평소에 지진이 일어났을 때 어떻게 해야 할지
미리 준비해 두는 것이 중요해요.

가구를 고정시켜요

서랍장이나 옷장처럼 무거운 가구가
쓰러지면 위험해요.
천장이나 벽, 마룻바닥 등에
두 군데 이상 고정시켜요.

피난 장소를 확인해요

우리 동네 지진 대피소는 어디인지 알아보고
집에서부터 얼마나 떨어져 있는지
직접 찾아가 보세요. 가다가 위험한 곳이
없는지 봐 두는 것도 중요해요.
※ 인터넷에서 '국민재난안전포털'을 검색해
우리 동네 지진 대피소를 찾아보세요.
아래 QR코드를 사용해도 좋아요.

국민재난안전포털 제공
지진 옥외대피소 찾기

가족들과 미리 약속해 두어요

가족이 모두 함께 있지 않을 때
지진이 일어날 수도 있어요.
이런 경우에 연락할 방법이나
피해 있을 장소를 가족들과 미리
약속해 두는 것이 좋아요.
갑자기 지진이 일어나면 먼 곳에 사는
친척의 집에 모이기로 약속하는 것도 좋아요.
안전한 곳에 모여 다른 가족에게
연락할 수 있으니까요.

평소에 지진 정보에 귀 기울이세요

먼 나라에서 일어났던 지진이 쓰나미가 되어
다른 나라에 커다란 피해를 끼치는 일도
있어요. 실제로 흔들림을 느끼지 못하더라도,
지진이나 쓰나미에 관한 정보가
들려온다면 조심하도록 해요.

지진 옥외대피소가 뭐예요?

지진이 발생하면 운동장이나 공터처럼 안전한 바깥 장소로 긴급히 대피하도록 '지진 옥외대피소'를 지정해 두었어요. 전국에 7천여 개의 지진 대피소가 있어요.

미리미리 준비해요

이것만 있으면 안심이에요

재해가 일어났을 때 꼭 필요한 물건들은 비상용 배낭에 미리 챙겨 두어요.

한 사람에 하나씩, 비상용 배낭에 넣어 두어야 할 물건

- 손전등
- 예비 건전지·휴대전화 충전기
- 속옷 등 갈아입을 옷
- 휴대 라디오
- 식품용 랩
- 작업용 목장갑
- 휴대용 변기

- 비닐봉지
- 핫팩
- 식기
- 세면 도구
- 보험증 등의 사본
- 깡통 따개·병따개
- 접을 수 있는 폴리에틸렌 용기

- 마실 물·비상식량
- 비닐 시트
- 마스크
- 긴급 연락처가 쓰인 메모
- 물티슈
- 구급 의료품·약

★ 안경이나 분유 등, 가족 구성에 따라 필요한 물건은 같지 않아요.

늘 갖고 있으면 좋은 물건

- 소형 손전등
- 가족 사진
- 동전
- 집의 여벌 열쇠
- 긴급용 호루라기
- 긴급 연락처가 쓰인 메모

집에 준비해 두면 좋은 물건

- 헬멧 (가족 수대로)
- 바(bar) 등의 탈출용 공구
- 소화기
- 밧줄
- 마실 물·비상식량
- 우비·우산·장화
- 카세트
- 예비 건전지
- 양초, 라이터(성냥)
- 손전등
- 지역의 대피소 지도
- 여성 위생용품
- 화장지
- 물티슈
- 순간 접착테이프
- 버너·식기·부탄가스

비상식량으로는 무엇이 좋을까?

먹을 것은 가능하면 가족 모두가 1주일 생활할 수 있을 만큼 미리 준비해 두어요.
즉석밥이나 통조림 등을 사 두면 좋아요.
알사탕 등 단것도 있으면 좋아요.

한 사람에게 필요한 물은 하루 3리터

사람이 살아가기 위해서는 한 사람 당 하루에 3리터의 물이 필요합니다. 평소에 약 1주일 정도 마실 수 있을 만큼의 물을 마련해 두세요. 지진이나 수해가 일어난 뒤에는 산에 있는 물을 먹으면 위험합니다.

큰눈이 내렸어요!

눈이 많이 내리는 지역에 사는 사람은 큰눈의 무서움을 알고 있어 평소에 미리미리 준비하지만, 눈이 많이 오지 않는 지역에 큰눈이 내리면 큰 피해가 날 수 있어요.

재해는 언제 일어날지 몰라요!

지진이나 쓰나미, 회오리바람 등,
재해가 언제 일어날까 예상하는 것은 몹시 어려워요.
그래서 재해는 언제 일어날지 모른다고 생각하고
미리 준비해 두는 것이 무척 중요해요.

피난 시기를 늦추면 안 돼요

누구나 '내 주위에는 큰 재해 같은 건
일어나지 않을 거야.', '나는 괜찮아.'라고
굳게 믿어요.

하지만 재해가 일어났을 때
피해야 하는 때를 놓치면
큰 피해를 입을 수도 있어요.

자기의 생명을 지키자

중요한 것은 자기의 생명을 지키는 것.
자신을 구하지 않는다면,
남을 구하는 것도 할 수 없어요.

가장 먼저 행동하는 사람이 되자

재해가 일어났을 때 맨 앞에서 행동하는 사람이 되어도 좋아요. 나를 보고 주위의 모두가 따라와 준다면, 피해가 적어질지도 모르니까요.

언제 재해가 일어나도 당황하지 않도록
살고 있는 장소나 늘 다니는 길을 보며
어디로 피하는 게 안전할까,
다른 사람들과 이야기를 나누어 봐요.
어떻게 해야 생명을 지킬 수 있을까,
평소에 생각해 두도록 해요.

야마무라 다케히코 감수
재난·위험 관리 어드바이저·방재시스템연구소 소장.
1943년 태어났습니다. 1964년 니이가타 지진을 계기로 재난시스템연구소를 설립. 그 뒤, '현장 주의'를 내걸고, 지진이나 쓰나미 등의 자연재해, 사건·사고 등이 일어난 많은 곳들을 현지 조사했습니다. 집필·강연 활동 외에, 미디어를 통해 재난 방지·위험 관리 의식의 계발에도 노력하고 있습니다.

유우 그림
일반서·아동서·학습 교재 등을 중심으로 어린이나 여성을 위한 일러스트레이션을 제작하고 있습니다.

엄혜숙 옮김
문학을 공부하고 편집자로 일했습니다. 지금은 어린이책을 쓰고 우리말로 옮기는 일을 하고 있습니다.
쓴 책으로는 『혼자 집을 보았어요』, 『두껍아 두껍아』, 『세탁소 아저씨의 꿈』이 있고,
옮긴 책으로는 『깃털 없는 기러기 보르카』, 『모두 깜짝』, 『꼬마 바흐』, 『무엇일까?』, 『비에도 지지 않고』, 『내가 만약 연필깎이라면?』, 『내가 만약 팽이라면?』, 『내가 만약 로켓이라면?』, 『내가 만약 원숭이라면?』, 『으리으리한 유령의 집 사실래요?』, 『칫솔 열차 나가신다! 치카치카』 등이 있습니다.

조심해! 재난, 이럴 땐 이렇게!

초판 1쇄 발행 2019년 7월 20일
초판 2쇄 발행 2020년 12월 15일

감수자 야마무라 다케히코 | **그린이** 유우 | **옮긴이** 엄혜숙
펴낸이 조미현 | **책임편집** 황정원 | **디자인** 최남주

펴낸곳 (주)현암사 | **등록** 1951년 12월 24일 제10-126호
주소 04029 서울시 마포구 동교로12안길 35 | **전화** 02-365-5051 | **팩스** 02-313-2729
전자우편 child@hyeonamsa.com | **홈페이지** www.hyeonamsa.com
페이스북 www.facebook.com/hyeonami | **블로그** blog.naver.com/hyeonamsa | **트위터** twitter.com/hyeonami

MINNA NO BOSAI EHON
Text copyright ⓒ 2017 by PHP Institute, Inc.
Illustrations copyright ⓒ 2017 by YUU
All rights reserved.
First original Japanese edition published by PHP Institute, Inc., Japan.
Korean translation rights arranged with PHP Institute, Inc., Japan.
through CREEK&RIVER Co., Ltd. and Imprima Korea Agency

ISBN 978-89-323-7491-8 77400

* 이 책의 한국어판 저작권은 CREEK&RIVER Co., Ltd.와 Imprima Korea Agency를 통해 Sairysha Co., Ltd.와의 독점 계약으로 (주)현암사에 있습니다. 저작권법에 의해 한국 내에서 보호를 받는 저작물이므로 무단 전재와 무단 복제를 금합니다.
* 이 도서의 국립중앙도서관 출판예정도서목록(CIP)은 서지정보유통지원시스템 홈페이지(http://seoji.nl.go.kr)와 국가자료공동목록시스템(http://www.nl.go.kr/kolisnet)에서 이용하실 수 있습니다. (CIP제어번호 : CIP2019022506)
* 책값은 뒤표지에 있습니다. 잘못된 책은 바꾸어 드립니다.
* 현암주니어는 (주)현암사의 아동 브랜드입니다.

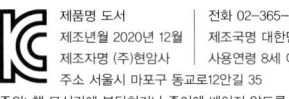

제품명 도서 | 전화 02-365-5051
제조년월 2020년 12월 | 제조국명 대한민국
제조자명 (주)현암사 | 사용연령 8세 이상
주소 서울시 마포구 동교로12안길 35
주의: 책 모서리에 부딪히거나 종이에 베이지 않도록 주의해 주세요.
* KC 마크는 이 제품이 공동안전기준에 적합하였음을 의미합니다.